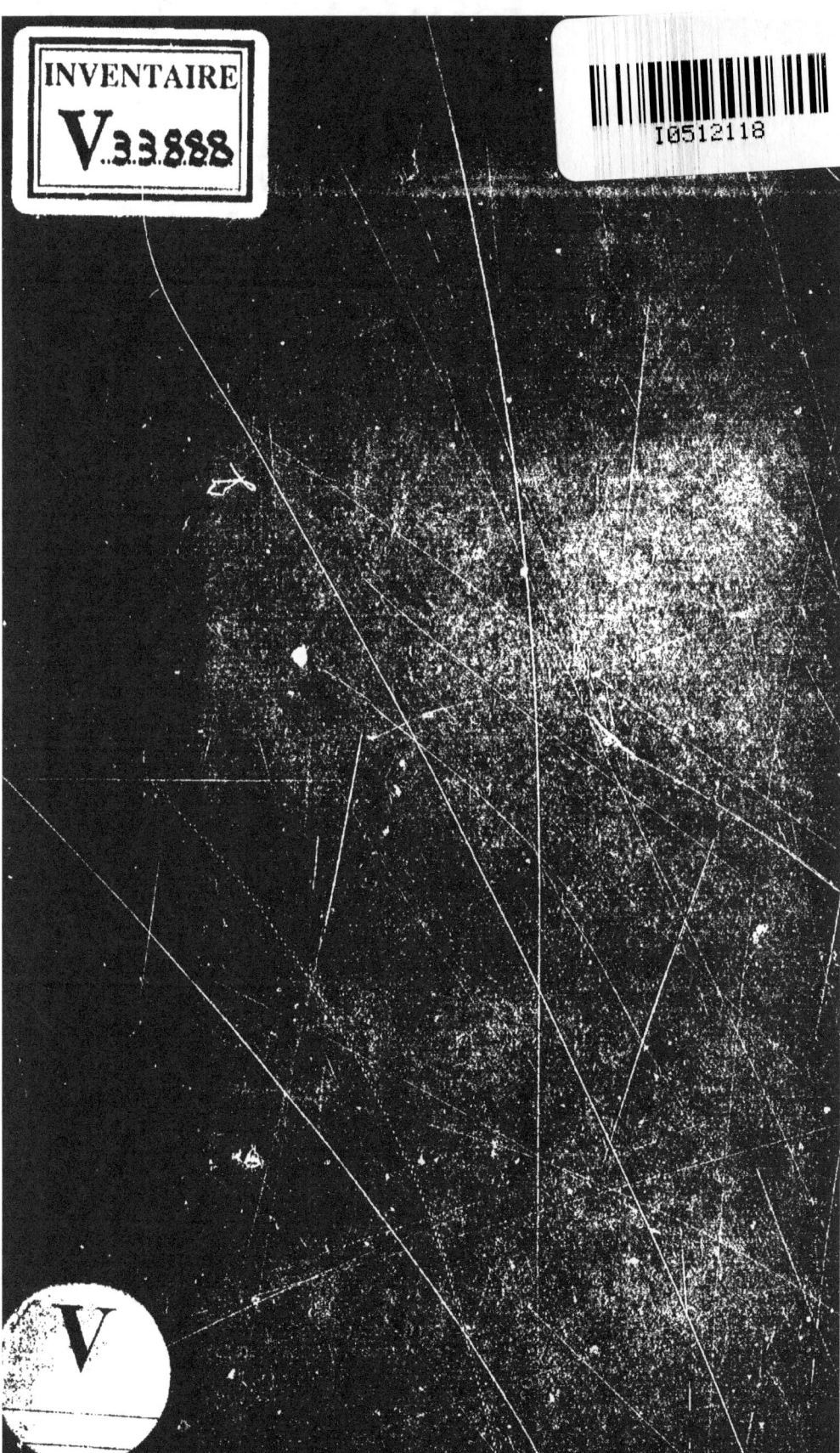

(avec additions manuscrites)

V

V 33588

CATALOGUE
DES TABLEAUX
DU CABINET DE FEU S. A. S.
MONSEIGNEUR
LE PRINCE DE CARIGNAN,
PREMIER PRINCE DU SANG DE SARDAIGNE.

Ledit Catalogue se distribue gratis.

A PARIS,

Chez DE POILLY, Graveur & Marchand d'Estampes de feu S. A. S. Monseigneur le PRINCE DE CARIGNAN, rue saint Jacques, à Saint Benoît. 1742.

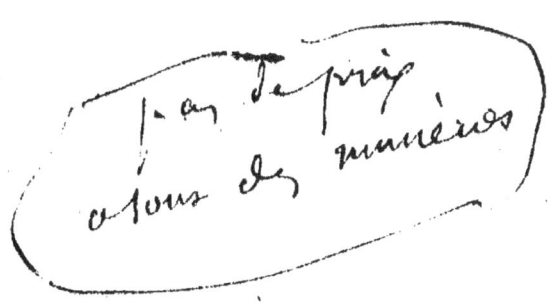

CATALOGUE
DES TABLEAUX
DU CABINET DE FEU S. A. S.
MONSEIGNEUR
LE PRINCE DE CARIGNAN,
PREMIER PRINCE DU SANG DE SARDAIGNE.

Des meilleurs Maîtres d'Italie, de Flandre, de Hollande, & autres.

La vente desdits Tableaux commencera à l'Hôtel de Soissons le Lundy 30 Juillet 1742. & jours suivans.

1. UN Paysage représentant une Chasse, peint sur toile de sept pieds trois pouces de large, sur cinq pieds de haut, *de Savary, les figures de Stalbens*.

2. Un Tableau peint sur toile, représentant Samson & Dalila, *du Valentin*, de sept pieds sept pouces de large, sur cinq pieds neuf pouces de haut.

3. Un Tableau de cinq pieds de haut sur trois pieds quatre

pouces de large, sur toile, représentant un Forgeron, *du Titien*.

4 Un Tableau sur toile, de quatre pieds six pouces de haut sur trois pieds neuf pouces de large, & ceintré par en haut, réprésentant le portrait de Thomas Parr, *de Vandik*.

5 Un Tableau sur toile, réprésentant une Venus avec son Amour, *de Paulveroneze*, de même grandeur.

6 Un Tableau sur toile, réprésentant un portrait d'homme qui tient un livre & une plume, *du Titien*, de même grandeur.

7 Un Tableau sur toile, réprésentant le Chevalier Baillard qui tire l'épée du Georgeon, de même grandeur.

8 Un Tableau sur toile, réprésentant un Empereur Romain, *du Fety*, de même grandeur.

9 Un Tableau sur toile, réprésentant un Architecte qui tient à la main une Equiere & un Compas, *d'Antonio Maur*, de même grandeur & hauteur que les six premiers.

10 Un Tableau sur toile de quatre pieds neuf pouces de haut sur trois pieds dix-neuf pouces de large, réprésentant un homme qui joue du luth, *de Vandik*.

11 Un Tableau sur toile de quatre pieds neuf pouces de large, sur trois pieds neuf pouces de haut, réprésentant un Fleuve, *de Rubens*.

12.

13 Un Tableau sur bois de sept pieds un pouce de large, sur cinq pieds de haut, réprésentant un Christ en Croix, avec differentes figures, *de Francflore*.

14 Deux Tableaux sur bois de même grandeur, de trois pieds un pouce de haut, sur deux pieds un pouce de large, l'un

réprésentant la Pentecôte, & l'autre Notre Seigneur parmi les Docteurs, *de George Lallemant.*

Un Tableau de toile de cinq pieds & un pouce de large, sur trois pieds six pouces de haut, réprésentant une Aumône où il y a beaucoup de figures, *par le Gevois.* 15

Un Tableau sur bois, de cinq pieds de large, sur trois pieds huit pouces de haut, réprésentant un Calvaire avec quantité de figures, *du Vieux Breugel.* 16

Un Tableau sur toile de quatre pieds six pouces de haut sur trois pieds six pouces de large, réprésentant l'incrédulité de saint Thomas, *de Manfrede.* 17

Un Tableau sur toile de quatre pieds de haut, sur trois pieds de large, réprésentant le martyr de saint Thomas d'Aquin, dont le paysage est *de Gobe des Caraches.* 18

Un petit Tableau en ovale sur marbre, réprésentant une Descente de Croix *de Squedon*, de quinze pouces de large sur neuf pouces de haut. 19

Deux petits Tableaux sur bois, réprésentans l'un une MATER DOLOROSA, & l'autre un ECCE HOMO, dans le goût *de Cartin Dolchy.* 20
21

Un Tableau sur toile de cinq pieds trois pouces de haut, sur trois pieds dix pouces de large, réprésentant une Sainte Famille, *du Baroche.* 22

Deux Tableaux sur toile, de sept pieds & demi de haut, sur cinq pieds deux pouces de large, l'un réprésentant le Martyr de sainte Catherine, & l'autre un Repos d'Egypte, *de l'Albane.* 23

Un Tableau sur toile, de cinq pieds de haut, & de trois pieds dix pouces de large, réprésentant une Vierge & son 24

A iij

Enfant avec une gloire d'Anges qui répresente la Croix, *de l'Albane.*

25 Un grand Tableau sur toile de dix pieds de large, sur huit pieds de haut, répresentant l'enlevement des Sabines, *de Jacques Bassan.*

26 Un grand Tableau sur toile, de huit pieds dix pouces de large, sur sept pieds & demi de haut, répresentant Tancrede & Clorinte, *du Gouarchin.*

27 Un Tableau sur toile, de sept pieds de haut, sur quatre pieds dix pouces de large, répresentant Diogene dans sa cuve, *du Guide.*

28 Un Tableau sur toile, de sept pieds de haut, sur cinq de large, répresentant une Dame Vénitienne avec une petite fille, *du Titien.*

29 Deux Tableaux sur toile, de trois pieds six pouces de haut, sur deux pieds neuf pouces de large, l'un répresentant David avec la tête de Golia, *de Trevisany*; & l'autre répresentant le Berger Paris qui tient la pomme, *de Vandeique.*

30 Un Tableau sur bois en rond, de cinq pieds six pouces de diametre, répresentant une femme qui tient trois Couronnes, *de Voüet.*

31 Un grand Tableau sur toile, de cinq pieds deux pouces de haut, sur sept pieds six pouces de large, répresentant Samson qui défait les Phislistins, *de Carlo Lotty.*

32 Un grand Tableau sur toile, de quatre pieds deux pouces de haut, sur six pieds de large, répresentant Notre Seigneur au milieu des Docteurs, *du Tintoret.*

33 Un grand Tableau peint sur toile, de quatre pieds dix

pouces de haut, sur six pieds huit pouces de large, représentant Venus & Enée, *du Poussin*.

Trois grands Tableaux sur toile, de sept pieds de haut, sur neuf pieds & demi de large, représentans l'un un jeu d'Enfans, l'autre Flore, & l'autre une femme endormie accompagnée de plusieurs Amours, *d'Amicony*. 34

Un Tableau sur toile, de cinq pieds six pouces de haut, sur quatre pieds de large, représentant la Mélancolie, *du Fety*. 35

Un Tableau sur toile, de cinq pieds six pouces de haut, sur quatre pieds de large, représentant un saint Pierre, *du Molle*. 36

Un Tableau sur toile, de trois pieds deux pouces de haut, sur cinq pieds de large, représentant un Repos de Diane avec ses Compagnes, *de Vvanlo l'aîné*. 37

Un Tableau sur toile, de cinq pieds trois pouces de haut, sur six pieds & demi de long, représentant la Vocation de saint Mathieu, *de Crayer*. 38

Un Tableau sur toile, de quatre pieds dix pouces de haut, sur cinq pieds dix pouces de large, représentant le Conseil des Juifs, *du Tintoret*. 39

Deux Tableaux sur toile, de trois pieds dix pouces de haut, sur cinq pieds trois pouces de large chacun; l'un représentant des Pêcheurs, dans le goût *de Rubens*, & l'autre représentant un Marchand de Mitridate, dans le goût *de Jean Mirle*. 40

Deux Tableaux sur toile, de trois pieds cinq pouces de haut, sur quatre pieds six pouces de large chacun; l'un représente saint Pierre dans la prison, *du Dominiquin*, & l'autre représente Loth & ses filles, *de Jordans de Naples*. 41

A iiij

42 Deux Tableaux sur toile, l'un représente le Portrait d'une Femme qui tient une Pomme à sa main, *du Titien*, l'autre représente le portrait d'un homme qui tient à sa main un Faucon, aussi *du Titien*, de trois pieds six pouces de haut, sur deux pieds neuf pouces de large chacun.

43 Deux Tableaux peints sur bois, de deux pieds huit pouces de diamêtre en rond, représentant deux Vierges avec l'Enfant Jesus, *l'un par Squedon, & l'autre par Louis Carache*.

44 Un Tableau sur bois, de cinq pieds huit pouces de haut, sur quatre pieds trois pouces de large, représentant une sainte Cecile, *de Rubens*.

45 Un Tableau sur bois, de quatre pieds dix pouces de haut, sur trois pieds de large représentant une Vierge avec son Enfant qui dort, *de Sebastien del Piombo*.

46 Un Tableau sur bois, de quatre pieds dix pouces de haut, sur trois pieds de large, représentant une sainte Famille, *du Baroche*.

47 Un Tableau sur toile, de cinq pieds quatre pouces de haut, sur trois pieds dix pouces de large, représentant la mort de Saint Joseph, *de Louis Carache*.

48 Un Tableau sur bois, de cinq pieds huit pouces de haut, sur quatre pieds trois pouces de large, représentant une sainte Famille avec un petit Saint Jean & deux Anges, *de Timothée d'a Urbino*.

49 Un Tableau sur bois, de deux pieds dix pouces de haut, sur un pied six pouces de large, représentant une sainte Famille avec des Anges en haut, *de Squedon*.

50 Un Tableau sur bois, de deux pieds dix pouces de haut, sur un pied six pouces de large, représentant la mort de saint François, *par Annibal Carache*.

Un Tableau sur bois, de deux pieds dix pouces de haut, sur un pied six pouces de large, réprésentant une sainte Famille, *d'André del Salte*. 51

Un Tableau sur ardoise en ovale, de huit pouces de haut, sur dix pouces de large, réprésentant l'adoration des Bergers, *de Pietre de Cortonne*. 52

Un Tableau sur toile, de trois pieds de haut, sur deux pieds cinq pouces de large, réprésentant une Vierge avec son Enfant Jesus, *de Carlo Marate*. 53

Un Tableau sur toile collé sur bois, de deux pieds quatre pouces de haut, sur un pied dix pouces de large réprésentant un Saint Jean, *de Morillos*. 54

Un petit Tableau sur bois, d'un pied de haut sur neuf pouces de large, réprésentant un Saint Jean, *par Leonard da Vincy*. 55

Une petite sainte Famille sur cuivre d'un pied de haut, sur neuf pouces de large, *du Corege*. 56

Un Tableau sur bois, de deux pieds quatre pouces de haut, sur un pied dix pouces de large, réprésentant un Amour qui tient une fleche, *de Corege*. 57

Un Tableau peint sur bois, de deux pieds six pouces de haut, sur deux pieds de large, réprésentant Saint Jerosme, *de Leonard da Vincy*. 58

Deux Tableaux ovales sur toile, de deux pieds deux pouces de haut chacun sur un pied huit pouces de large, réprésentant les quatre Saisons, *de Vato*. 63

Deux Tableaux sur toile, de cinq pieds deux pouces de haut, sur trois pieds six pouces de large chacun, l'un réprésentant un Bal, & l'autre une Danse, *par Nancré*. 64

65. Deux Tableaux sur toile, de trois pieds dix pouces de haut, sur cinq pieds six pouces de large, réprésentans, l'un, des Amours qui dorment, & des Femmes qui leur coupent les aîles, & l'autre des Femmes qui dorment, & des Amours qui se vengent, *tous les deux de l'Espagnolette de Boulogne.*

66. Deux Tableaux sur toile en rond, de deux pieds quatre pouce de diametre, l'un répresente le Mercure qui a coupé la tête à Argus, & l'autre une Baccanale, *par Chapron.*

67. Un Tableau sur cuivre, de onze pouces de large, sur quatorze pouces de haut, répresentant une Vierge & son Enfant, avec plusieurs Anges, *de Vambale.*

70. Deux Tableaux ovales sur toile, de deux pieds dix pouces de haut, sur deux pieds quatre pouces de large, répresentans, l'un Diane & Paon, & l'autre Venus & un Satire, *dans le gout de Jordans de Naple.*

71. Deux Tableaux de même grandeur que les précédens, *peints par le même Maître,* réprésentans, l'un un bain de Diane, & l'autre la chaste Suzanne.

72. Un Tableau sur toile, de trois pieds dix pouces de long, sur trois pieds de haut, répresentant le retour de Jacob & de sa Famille, *d'Amicony.*

73. Un Tableau sur toile, de trois pieds dix pouces de long, sur trois pieds de haut, répresentant les Filles de Jetro au puit, *par Amicony.*

74. Deux Tableaux pendans, de même grandeur, de trois pieds de haut, sur dix-neuf pouces de large, l'un répresentant les trois Parques, & l'autre Pirasme & Tisbée, *de Carcelin de Ferare.*

75. Deux petits Tableaux, l'un sur cuivre, l'autre sur bois,

de onze pouces de haut, sur neuf pouces de large, représentans l'un une Vierge avec son Enfant & un Saint François, & l'autre une Assomption de la Vierge, *de l'Albane.*

Deux Tableaux pendans peints sur cuivre, de dix-neuf pouces de haut, sur quatorze pouces de large, l'un représentant Adam & Eve chassés du Paradis terrestre, *du Cavalier Josepin*, l'autre représente une fuite en Egypte, *de Carlo Maraty.*

Un Tableau sur toile, de trois pieds onze pouces de haut, sur trois pieds de large, représentant la reconnoissance d'Achile, *de Francflore.*

Un Tableau sur toile, de vingt pouces de haut, sur dix-neuf pouces de large, représentant une Fille qui dort, *par Squedon.*

Un Tableau peint sur cuivre, d'un pied de haut, sur seize pouces de large, représentant le combat des Centaures & des Lapithes, *du Cavalier Josepin.*

Un Tableau sur toile, de dix-neuf pouces de haut, sur deux pieds moins demi-pouce, représentant une Venus, *de Carlo Maraty.*

Un petit Tableau peint sur bois, de onze pouces de haut, sur un pied quatre pouces de large, représentant Appollon qui décoche des fleches à Mercure, *par Romanelly.*

Un Tableau peint sur toile, de quatre pieds de haut, sur quatre pieds dix pouces de large, représentant Hercule & Omphale avec ses compagnes, *par Paul Mathey.*

Un Tableau sur toile, de deux pieds dix pouces de haut, sur deux pieds deux pouces de large, *dans le gout du Titien*, représentant un bain de Diane.

85. Un Groupe de marbre, représentant une Charité Romaine, sur son pied de marqueterie.

86. Deux Groupes de bronze de trois figures chacun, l'un représentant Vertume & Pomone ; & l'autre un Enlevement.

91. Un grand Tableau sur toile, de seize pieds de large, sur huit pieds de haut, représentant une Assemblée des Dieux, *peint par Dauphin.*

92. Deux Tableaux peints sur toile, d'un pied quatre pouces de haut, sur un pied huit pouces de large ; représentant des Paysages avec des Figures, *par Jansens.*

93. Deux Tableaux sur toile, d'un pied huit pouces de haut, sur deux pieds trois pouces de large ; représentans des Paysages & Voyageurs, *par Theodore.*

94. Deux Tableaux sur cuivre, de quinze pouces de haut, sur un pied dix pouces de large ; représentans des Paysages avec des figures, *par Francisque Bologneze.*

95. Deux Tableau sur toile, de dix-huit pouces de haut, sur vingt-quatre pouces de large ; représentans des Paysages avec Figures, *de Philippe Napolitain.*

96. Deux Tableaux sur toile ceintrés par en haut, de deux pieds six pouces de haut, sur deux pieds de large ; représentans deux portraits d'hommes, l'un *du Carache*, & l'autre *du Titien.*

97. Deux Tableaux, l'un sur bois & l'autre sur toile, ceintrés par en haut, de deux pieds six pouces de haut, sur deux pieds de large ; représentans deux Portraits d'hommes, l'un *par Georgeon* & l'autre *par Olbens.*

98. Deux Tableaux sur Toile ceintrés par en haut, de

87. paysages et figures
88. id.
89. differentes figures
90.

deux pieds six pouces de large, répresentans deux Portraits de Femme, l'un *par Paulveroneze* & l'autre *par le Fety*.

Un Tableau sur toile, de deux pieds de haut moins demi pouces, répresentant Venus & Adonis; large de deux pieds huit pouces, *par Rubens*. 99

Un Tableau sur toile de trois pieds sept pouces de large, sur trois pieds trois pouces de haut, répresentant l'Assemblée des Apôtres, *par Carlette fils de Paulveroneze*. 100

Deux Tableaux pendans, l'un sur toile, collé sur bois, de même grandeur de trois pieds de haut, sur vingt-sept pouces de large, & l'autre sur toile; l'un répresentant l'Apparition de Notre Seigneur à la Madeleine, & l'autre, une Annonciation, tous deux *par Paulveroneze*. 101

Deux Tableaux sur toile, de trois pieds six pouces de haut, sur deux pieds huit pouces de large, répresentant l'un, le Batême de Notre Seigneur, L'autre, la Madeleine aux pieds de Notre Seigneur, l'un *par Portdenom* & l'autre *par Jacques Bassan*. 102

Deux petits Tableaux pendants, de quinze pouces de haut, sur dix-sept pouces de large; l'un peint sur cuivre, répresentant une Fête de Campagne, *par Philippe Napolitain*, l'autre un Paysage sur bois, *par Banboche*. 103

Deux Tableaux pendants, de dix-huit pouces de haut, sur deux pieds de large; l'un sur bois, répresentant le Martyr de Sainte Catherine, *par Titien*; l'autre sur toile, répresentant la Femme adultere, *par Portdemom*. 104

Un grand Tableau sur toile, de cinq pieds huit pouces de haut, sur cinq pieds quatre pouces de large; répresentant Renaud & Armide avec des Amours, *par Vandik*. 105

Un grand Tableau sur toile, de huit pieds de haut; 106

sur six pieds quatre pouces de large, représentant la Cananée dans le goût d'*Anibal Carache*.

107 Un Tableau sur toile, de vingt-cinq pouces de haut, sur dix-huit pouces de large, représentant une Sainte Catherine, par *Anibal Carache*.

108 Un Tableau sur toile, de vingt-quatre pouces de haut, sur trente pouces de large, représentant les Pellerins d'Emaüs, par *Bassan*.

109 Un Tableau sur bois, de vingt-quatre pouces de haut, sur dix-huit pouces de large, représentant une Vierge & un petit Saint Jean, par *André Solario*, dans le goût de *Leonard da Vincy*.

110 Un Tableau sur bois, de vingt-quatre pouces de haut, sur dix-huit pouces de large; représentant une Vierge & son Enfant qui dort, par *Squedon*.

111 Un Tableau sur bois, de trente-six pouces de haut, sur vingt-quatre de large; représentent un Jeune Garçon qui joüe du luth, par *Pitre-Lety*.

112 Un Tableau peint sur toile, de trois pieds de haut, sur trente pouces de large; représentant une Femme qui joüe du luth; & un Homme qui tient une soûcoupe, par *Porcachin*.

113 Un Tableau sur bois, de trente pouces de haut, sur vingt-quatre pouces de large; représentant une Transfiguration, par *Federik Zuccaro*.

115 Deux Tableaux sur toile, de trente pouces de haut, sur trente-six de large; représentans l'un, la Vierge, Notre Seigneur, Saint Joseph, & une gloire d'Anges; l'autre, une Sainte Famille, par *Paul Mathey*.

116 Deux Tableaux pendans, de vingt-quatre pouces de

haut, sur dix-huit pouces de large; dont l'un représente le Samaritain; l'autre représente plusieurs figures avec un fond d'Architecture, *par Fety.*

Deux petits Tableaux sur bois, de dix pouces en quarré, représentant, l'un, Dédale & Icare, l'autre Jupiter & Mercure, *par l'Albane.* 118

Deux petits Tableaux sur bois, de dix-neuf pouces de long, sur onze pouces de haut, représentans l'un, Josué qui arrête le Soleil; &l'autre, David qui coupe la tête à Golia, *par André Squiavon.* 119

Deux Tableaux sur toile, de vingt-sept pouces de haut, sur vingt pouces de large; représentans, l'un, une Procession, l'autre, un Missionaire prêchant au Peuple, dans le goût de *Theodore.* 120

Un Tableau sur toile, de trois pieds six pouces de haut sur deux pieds neuf pouces de large, représentant le portrait d'un Vieillard, *par Rimbran.* 123

Un Tableau sur toile, ceintre par en haut, de deux pieds dix pouces de haut, sur vingt-huit pouces de large; représentant le Portrait d'une Vieille, *par Rimbran.* 124

Un Tableau sur toile, de quarante-quatre pouces de haut sur trente-trois pouces de large; représentant une Tête d'homme, *par Languian, diciple de Vandik.* 125

Un Tableau sur toile, de vingt-huit pouces de haut, sur vingt-quatre pouces de large; représentant un Portrait d'homme avec une toque, *par Raimbran.* 130

131

Un Tableau peint sur cuivre, de seize pouces de haut, sur douze pouces de large, représentant une Danaée, *par Romanelle.* 132

Un Tableau sur toile, de vingt-cinq pouces de haut, 133

sur dix-neuf pouces de large, représentant NOLI ME TANGERE, par Trévisati.

136 Un Tableau sur toile, de dix-huit pouces de haut, sur trente-huit pouces de large; représentant une Offrande que l'on présente au Patriarche, par André Squiavon.

138 Un Tableau sur toile, de cinquante pouces de large, sur trente-huit pouces de haut, représentant de l'Architecture avec des Figures, par le Romain.

139 Un Tableau peint sur toile, de trois pieds six pouces de haut, sur quatre pieds dix pouces de large; représentant de l'Architecture avec figures, par le Maire.

140 Un Tableau sur bois de quinze pouces de haut, sur vingt pouces de large, représentant la Naissance de saint Jean, par Bassan.

141 Un Tableau sur bois, de quinze pouces de haut, sur vingt pouces de large; représentant un Hermite dans sa solitude, par Salvator-Rosa.

142 Un Tableau sur bois, de vingt-six pouces de haut sur trente-six pouces de large; représentant un Païsage, de Vanude dans le goût de Rubens.

144 Deux Tableaux sur toile ceintrés par en haut, de cinquante-quatre pouces de haut, sur quarante-deux de large, représentant deux portraits d'homme à demi corps; l'un peint par Bourdon, & l'autre dans le goût de Vandik.

145 Deux Tableaux sur toile, de trente-quatre pouces de haut, sur quarante-deux pouces de large représentant l'un un Repos d'Epypte, & l'autre Notre Seigneur au Jardin des Olives, tous deux par Carlo Maraty.

146. Un Tableau sur toile, de quarante-huit pouces de haut;
su

134. Pallas et la gorgone
135.
137. une dormeuse
143. marine

ur quarante de large, représentant un Officier avec un casque & une cuirasse, *par Rimbran.*

Un Tableau sur bois, de cinquante-quatre pouces de haut, sur quarante pouces de large, représentant un portrait de femme avec des mains, *par Crayer.*

Un Tableau sur toile, de soixante-quatre pouces de haut, sur quatre-vingt-quatre pouces de large, représentant saint Jean qui prêche dans le désert, *peint par Lalbane.*

Un Tableau sur toile, de cinquante-six pouces de haut, sur quatre-vingt-quatre de large, représentant l'Adoration des Rois, *par Bassan.*

Deux Tableaux sur toile, de cinquante pouces de haut, sur quarante-six de large ; l'un représentant Apollon & Daphné, & l'autre Ariane, tous deux *par Amicony.*

Deux Tableaux peints sur toile, de quarante-deux pouces de haut, sur trente pouces de large, représentans tous deux des Conversations, dans le goût *de Van-Mole.*

Un Tableau sur toile, de soixante-douze pouces, sur soixante-huit pouces de large, représentant la Préparation d'un sacrifice, dans le goût *de Pietre de Cortonne.*

Un Tableau sur toile, de quarante-quatre pouces de haut, sur quarante-six pouces de large représentant un Paysage où il y a des Bergers auprès d'un puits, *par Gosfredy.*

Un Tableau peint sur bois, de vingt pouces de haut, sur vingt-six pouces de large, représentant Mars & Venus, *par Maître Rousse.*

Un Tableau sur bois, de trente-six pouces de haut, sur vingt-sept de large, représentant la Madelaine & Marie-Marthe, dans le goût *de Rubens.*

163 Un Tableau sur toile, de vingt pouces de haut, sur seize pouces de large, représentant une jeune fille, *par Vatto*.

164 Deux Tableaux sur toile, de quatre pieds de haut, sur cinq de large, représentans l'un Ariane & Baccus, l'autre l'Enlevement d'Europe, dans le goût *de Carlo Lotty*.

165 Un Tableau sur toile, de trois pieds deux pouces de haut, sur quarante-deux pouces de large, représentant le portrait de Vitellius, *par Paris Bourdon*.

166 Un Tableau sur bois, de trente pouces de haut, sur vingt-quatre de large, représentant un portrait d'homme avec une toque, *par Rimbran*.

167 Un Tableau sur bois, de quatre pieds de haut, sur trois pieds de large, représentant un Repos d'Egypte, dans le goût *du Baroche*.

168 Un Tableau sur bois, de trente-quatre pieds de haut, sur vingt-huit pouces de large, représentant l'adoration des Bergers, dans le goût *du Titien*.

169 Un Tableau sur bois de vingt-huit pouces de haut, sur trente-huit pouces de large, représentant l'Hiver, avec quantité de figures sur la glace, *par Stalbens*.

170 Un Tableau sur toile, de vingt-deux pouces de haut, sur seize pouces de large, représentant une fuite en Egypte, *par Michel-Ange des Batailles*.

171 Un Tableau sur toile, de vingt-deux pouces de haut, sur vingt-huit pouces de large, représentant une fuite en Egypte, *par Valerio Castel*.

172 Un Tableau sur toile, de vingt-deux pouces de haut, sur trente-deux pouces de large, représentant une Eglise sur un Port de mer, dans le goût *de Stenuit*.

Un Tableau fur cuivre, de quatorze pouces de haut, fur dix-huit de large, réprefentant la Prédication de Saint Jean dans le défert, *par Pezares.*

Un Tableau fur toile, de feize pouces de haut, fur quarante fix pouces de large, réprefentant un Baccanale, *par André Squiavon.*

Un Tableau fur bois, de vingt-huit pouces de haut, fur trente-huit de large, réprefentant une Sainte Famille, dans le goût *du Titien.*

Un Tableau fur cuivre, de treize pouces de haut, fur feize pouces de large, réprefentant Saint Jean qui prêche dans le défert, *par Goffredy.*

Un Tableau fur bois, de treize pouces de haut, fur dix pouces de large, réprefentant des Baigneufes, *par Gouarchin.*

Un Tableau fur ardoife, de douze pouces de haut, fur neuf pouces de large, réprefentant une Adoration des Bergers, *par Squedon.*

Un Tableau fur une pierre de Lapis, de dix pouces de haut, fur neuf pouces de large, réprefentant une Fuite en Egypte.

Un Tableau fur cuivre, de fept pouces de haut, fur dix pouces de large, réprefentant une Amazone, dans le goût *de Romanelle.*

Un Tableau fur toile, de douze pouces de haut, fur feize pouces de large, réprefentant une danfe de Payfans.

Un Tableau fur bois, de dix-neuf pouces de haut, fur vingt cinq pouces de large, réprefentant une Adoration des Rois, *de Valerio Caftelly.*

188 Un Tableau peint sur toile, de quarante-trois pouces de haut, sur cinquante-cinq de large, représentant une descente de Croix, *par le jeune Palau.*

189 Un petit Tableau sur bois, de quatorze pouces de haut, sur huit pouces de large, représentant Notre Seigneur en Croix avec deux Anges, *par Michel-Ange.*

193 Un Tableau sur toile de cinquante-sept pouces de haut, sur quarante-six pouces de large, représentant un Paysage & Marine, *par Pitre Breugel.*

194 Un Tableau sur toile, de trente-six pouces de large, représentant la Place de Saint Marc de Venise, où il y a quantité de figures, *par Michel Ange des Batailles.*

195 Un Tableau sur toile, de trente-huit pouces de haut, sur vingt-neuf pouces de large, représentant le sujet du Veau d'or, *par Tintoret.*

196 Un Tableau sur toile, de trente-trois pouces de haut, sur trente-neuf pouces de large, représentant l'Adoration des Bergers, *par Corneille Blomart.*

197 Un Tableau sur toile, de trente quatre pouces de haut, sur quarante-cinq pouces de large, représentant une Venus avec deux Amours, *par Blanchard le Pere.*

198 Un Tableau sur toile, de vingt-six pouces de haut, sur trente-quatre pouces de large, représentant un Homme qui mange des poids, *par Annibal Carache.*

201 Un Tableau sur toile, de trente pouces de haut, sur vingt-quatre pouces de large, représentant des Buveurs & des Fumeurs, dans le goût de *Terburg.*

202 Un Tableau sur bois, de vingt-quatre pouces de haut, sur dix-huit pouces de large, représentant un Docteur ou Vieillard, dans son Cabinet.

Un Tableau sur bois de vingt-quatre pouces de haut, sur trente pouces de large, répresentant un Paysage avec des Figures, *par Molnaer.*

Un Tableau sur bois, de seize pouces de haut, sur douze pouces de large, répresentant une Descente de Croix, *par Baſſan.*

Un Tableau peint sur toile, de seize pouces de haut, sur onze pouces de large, répresentant une Vierge avec son Enfant, *par la Siranye.*

Un Tableau sur toile, de seize pouces de haut, sur vingt pouces de large, répresentant un Paysage avec la Camargo, *par Lancré.*

Un Tableau sur toile, de quinze pouces de haut, sur vingt-quatre de large, répresentant un Hyvert, *par Vanude.*

Un Tableau sur toile, de quatorze pouces de haut, sur vingt-deux pouces de large, répresentant une Prédication de Saint Jean dans le désert, *par Jean Baptiste Molle.*

Un Tableau sur bois, de quinze pouces de haut, sur onze pouces de large, répresentant un Paysage avec des Poiſſons & des Oiseaux, *par Van Iſſelie.*

Un Tableau peint sur bois, de dix-huit pouces de haut, sur vingt-six pouces de large, répresentant des Baigneuses avec de l'Architecture, *par Varege.*

Un Tableau sur cuivre, de sept pouces de haut, sur dix pouces de large, répresentant un Bain de Diane, *par Teniere.*

Deux Tableaux pendans, de quatre pouces de haut,

sur six pouces de large, peint sur bois, représentans; l'un une Marine, l'autre un Paysage, tous deux *par Breugel de Velour*.

224 Un Tableau peint sur toile, de quarante deux pouces de long, sur vingt-neuf pouces de haut, *par Armant d'Italie*.

225 Deux Tableaux peints sur bois, de douze pouces de long, sur neuf pouces de haut, représentans des paysages, Figures, & Animaux, tous deux *par Rouland Savary*.

226 Un Tableau sur toile, de vingt-quatre pouces de haut, sur vingt pouces de large, représentant l'Aumône de Saint François, *par Jean Mielle*.

227 Un Tableau sur cuivre, de dix-neuf pouces de haut, sur quatorze pouces de large, représentant un Bain de Diane, *par Rotnamer*.

228 Un Tableau sur bois de vingt-deux pouces de long, sur seize de haut, représentant une Marine, *par Paul Pater*.

229 Un Tableau sur bois, de quinze pouces de haut, sur vingt-quatre de long, représentant une Marine & Paysage, avec Figures, *par Brugel de Velour*.

230 Deux Tableaux, dont un sur bois, & l'autre sur toile, de neuf pouces de haut, sur treize pouces de large, chacun représentans des Animaux, *par Vandevelde*.

231 Deux Tableaux sur bois, ovales, de quatorze pouces sur dix huit, l'un représentant une Femme avec ses Enfans dans une Chambre, *par Cstade*; l'autre, un Retour de Chasse, *par Bamboche*.

Deux Tableaux de neuf pouces de haut, sur treize de arge; l'un sur cuivre, représentant un Paysage, par Bruel de Velour, où il y a une Fuite en Egypte; l'autre ur bois, représentant un Paysage & Marine, avec plusieurs igures, par Greffier, que l'on nommoit aussi le Gentilhomme d'Utrech. 232

Deux Tableaux sur cuivre, de sept pouces de long, sur neuf pouces de haut, l'un représentant une Marine, & l'autre un Voyage, tous deux par Vandremer. 233

Deux Tableaux de huit pouces de haut, sur onze pouces de long; l'un sur cuivre, représentant le Diable qui tente Notre Seigneur au desert, par Moyse, dans le goût d'Adam Elsemer, l'autre sur bois, représentant un Paysage & Figures par Stalben. 234

Deux Tableaux sur bois, de sept pouces de haut, sur neuf pouces de long, l'un représentant un Hyver, & l'autre une Marine, par Molnaer. 235

Un Tableau sur bois, de quatorze pouces de large, sur dix-sept de haut, représentant une fille assise qui enfile son éguille, par Terburg. 236

Un Tableau sur bois, de quinze pouces de haut, sur vingt-quatre de long, représentant la Vüe du Beffroy d'Amsterdam, par Vanderets. 237

Un Tableau sur toile, de vingt-trois pouces de haut, sur vingt-six de long, représentant un Port de mer, par Claude Lorain. 238

Un Tableau sur bois de vingt pouces de haut, sur vingt-quatre de long, représentant la Foire de Florence, par Calot. 238

Deux Tableaux sur bois, de quatorze pouces de large sur dix-sept pouces de haut; l'un représente une fille à qui un 240

Medecin tâte le poulx, & l'autre représente Joseph & Putiphar, *tous deux par Miris.*

241 Un Tableau sur cuivre, de cinquante-quatre pouces de long, sur vingt-huit de haut, représentant la bataille des Amazones, *par Breugel de Velour.*

242 Un Tableau sur toile, de trente deux pouces de long, sur vingt-trois de haut, représentant une Eglise, *par Peternefls dont les figures sont de Vanmole.*

243 Un Tableau composé de pierres fines en Agathe, en Jaspe, & autres de dix-neuf pouces de large, sur vingt-deux pouces de haut, représentant un Saint Jerosme dans le desert.

244 Un Tableau sur bois, de trente-quatre pouces de haut, sur quarante-trois de long, représentant un Cabinet de curieux rempli de tableaux, *par le vieux Frank.*

245 Deux Tableaux sur bois, de quatorze pouces de haut, sur dix-sept pouces de large, représentant, l'un Tobie à qui on guérit la vüe, & l'autre Joseph qui explique les songes dans la Prison, tous deux par *Rimbran.*

246 Deux Tableaux, 'un sur bois, & l'autre sur cuivre, de douze pouces de haut, sur quinze pouces de large, celui qui est sur bois représente un Ecce Homo, présenté au peuple, *par Rottenamer,* l'autre représente le martyr de Saint Laurent, *par Corneille Polembourg.*

247 Un Tableau sur bois, de dix-huit pouces de large, sur vingt-quatre de haut, représentant une Vierge & son Enfant avec quantité d'Anges, *par Vanhouque.*

248 Un Tableau sur bois, de sept pouces de large, sur neuf pouces de haut, représentant un Albardier, peint *par Skalquen.*

Un Tableau sur toile, de six pieds & demi de large, sur neuf pieds de haut, réprésentant Belifer, *par Lignany.* 249

Un Tableau sur toile, de deux pieds neuf pouces de haut, sur trois pieds neuf pouces de long, réprésentant l'éducation de l'Amour, *par Carle Vanlo.* 250

Quatre Tableaux sur toile, de cinquante quatre pouces de long, sur quarante-huit pouces de haut chacun, réprésentans les quatre saisons, tous les quatre *par Francisquiny.* 251

Un Tableau sur toile, de six pieds quatre pouces de haut, sur quatre pieds & demi de large, réprésentant une Venus couronnée par l'Amour, *par Lignany.* 252

Deux Tableaux ovales sur toile, de cinquante quatre pouces, sur quarante pouces, l'un réprésente un jeu d'enfans, & l'autre le temps qui tient une corbeille de fleurs, avec deux enfans, les deux *par Francisquiny.* 253

Un Tableau sur toile, de soixante pouces de haut, sur soixante & quinze pouces de large, réprésentant un paysage avec des figures, *par Tenicre.* 254

Un Tableau sur toile, de trente quatre pouces de haut, sur quarante deux de large, réprésentant un Saint Jerôme taillant une plume, *par Manfrede.* 255

Un Tableau peint sur toile, de trente pouces de large, sur vingt quatre pouces, réprésentant Notre Seigneur au jardin des Olives, *par Nicolas Beretony.* 256

Un Tableau du *Vieux Palme,* sur bois, de trois pieds trois pouces de haut, sur quatre pieds deux pouces, réprésentant un Ex Voto.

Un Tableau de quatre pieds huit pouces de large, sur

quatre pieds deux pouces de haut, représentant un porte-Croix, *par Daniel de Volter*.

3. UN Tableau de six pieds de haut, sur cinq pieds huit pouces de large, qui représente Venus & Adonis, *par Titien*.

4. Un Tableau sur toile, de sept pieds de haut, sur quatre pieds dix pouces de large, représentant un Chevalier de Malte avec un Amour & un chien, *par Titien*.

5. Un Tableau sur toile, de trois pieds six pouces de haut, sur cinq pieds & demi de large, représentant une vandange, *du Bassan*.

6. Un Tableau de cinq pieds de haut, sur quatre pieds & demi de large, représentant un mariage de Village, *par Jacques Bassan*.

7. Un Tableau de trois pieds deux pouces de haut, sur deux pieds neuf pouces de large, représentant un portrait de femme, *de Jacques Bassan*.

8. Un Tableau de trois pieds sept pouces de haut sur trois pieds trois pouces de large, représentant l'Adoration des Bergers, *par Tintoret*.

9. Un Tableau d'un pied de haut sur neuf pouces de haut, représentant une sainte Famille, *par Annibal Carache*.

10. Quatre Tableaux de même grandeur, de dix pouces de haut, sur huit pouces de large chacun, représentant les quatre Saisons, *par Philippe Laure*.

11. Deux Tableaux pendans peints sur cuivre, de dix-huit pouces de large, sur douze pouces de haut chacun, représentant l'un le Bain de Diane, l'autre des Femmes qui se baignent, *tous deux par Philippe Laure*.

Un Tableau peint sur toile de trois pieds de haut, sur deux pieds sept pouces, représentant un Saint Pierre, par *Annibal Carache*.   12

Un Tableau sur toile de quatre pieds & demi de haut, sur cinq pieds huit pouces de large, représentant le sujet de Rébecca au puits, par *Lalbane*.   13

Un Tableau de deux pieds un pouce de haut, sur deux pieds six pouces de large, représentant une Vierge avec l'Enfant Jésus, par *Lalbane*.   14

Un Tableau sur bois de quatorze pouces de haut, sur dix de large, représentant Vénus qui fait forger les armes à Vulcain, par *Jule Romain*.   15

Deux Tableaux pendans, en oval, de dix pouces de haut, sur quatorze pouces de large, représentans des Paysages, *de Gobe des Carache*.   16

Un grand Tableau de quatre pieds dix pouces de haut, sur cinq pieds huit pouces de large, représentant Mars & Venus, par *Nicolas Poussin*.   17

Un Tableau de quatre pieds & demi de haut, sur six pieds de large, sur toile, représentant Titus à la Destruction de Jérusalem, par *Nicolas Poussin*.   18

Un Tableau sur bois, de dix pouces de haut, sur quatorze pouces de large, représentant une Sainte Famille, *de Portdenom*.   19

Un Tableau sur toile, de trois pieds six pouces de haut, sur quatre pieds neuf pouces de long, représentant une Charité Romaine, par *Gouarchin*.   20

Un Tableau de deux pieds trois pouces de haut, sur un   21

pied dix pouces de large, réprésentant un portrait de femme, *par Beneditte Castillon.*

22   Un Tableau sur toile, de quatre pieds dix pouces de haut, sur six pieds de large, réprésentant la Femme adultère, avec plusieurs figures, *par Paulveroneze.*

23   Un Tableau sur toile, de trois pieds dix pouces de haut, sur trois pouces de large, réprésentant Suzanne & les Vieillards, *par Paulveroneze.*

24   Un grand Tableau de huit pieds de haut, sur onze pieds deux pouces de long, peint sur toile, réprésentant la Nôce de Persée & Andromede, *de Lucas Jordans.*

25   Un petit Tableau sur cuivre, de six pouces de large, sur cinq pouces de haut, réprésentant l'Adoration des Rois, *par Bramer.*

26   Deux petits Paysages sur cuivre de dix pouces de large, sur huit pouces de haut, *par Adam Elzemir.*

27   Deux paysages pendans, de vingt-deux pouces de haut, sur vingt-huit pouces de large, *par Paulbril.*

28   Un Tableau sur bois, de seize pouces de haut, sur quatorze pouces de large, réprésentant un saint Jerôme, *par Chevalier Vandervef.*

29   Un petit Tableau sur cuivre, de six pouces de haut, sur dix pouces de large, réprésentant un Bain de Diane, *de Rottenamer.*

30   Deux Tableaux sur bois, de trois pieds un pouce de haut, sur quatre pieds de large; l'un réprésentant le Cabinet de l'Empereur, l'autre celui de l'Archiduc Leopold, tous deux *par David Tenier.*

Un Tableau fur bois d'un pied de haut, fur neuf pouces de large, réprefentant un Vendeur de Mitridate, par David Tenier.

Un Tableau fur bois, de deux pieds & demi de large, fur deux pieds un pouce de haut, réprefentant le Mariage de fainte Catherine, par Paulveroneze.

Deux Tableaux pendans, de trois pieds de haut, fur onze pieds de large, par Jean Miel.

Un Tableau d'un pied neuf pouces de haut, fur dix-huit pouces de large, réprefentant un homme avec une jeune fille qui tient un Vidrecom, par Medeffus.

Deux petits Tableaux pendans, fur bois, de neuf pouces de large, fur cinq pouces de haut, réprefentans des Ruines, Figures, & Animaux, par Bamboche.

Deux Tableaux fur bois, réprefentans des Joüeurs de cartes & d'échets, d'un pied dix pouces de haut, fur onze pouces de large, par Terburk.

Un Tableau d'un pied dix pouces de large, fur un pied quatre pouces de haut, réprefentant un Payfage, par Paul Brille.

Un Tableau fur bois, de trois pieds de haut, fur deux pieds de large, réprefentant une Muficienne, dans le goût de Rubens.

Tous les Tableaux mentionnés dans le préfent Catalogue, font richement Embordurés, à l'exclufion d'un fort petit nombre qui ne le font pas.

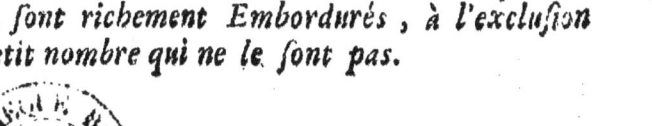

De l'Imprimerie de VALLEYRE, rue faint Severin.

www.ingramcontent.com/pod-product-compliance
Lightning Source LLC
Chambersburg PA
CBHW030106230526
45471CB00003B/1277